卞尺丹几乙し丹卞と
Translated Language Learning

La Parure

The Diamond Necklace

Guy De Maupassant

Français / English

Copyright © 2024 Tranzlaty
All rights reserved
ISBN: 978-1-83566-323-3
Original text by Guy de Maupassant
La Parure
First published in French in 1884
www.tranzlaty.com

C'était une jolie et charmante jeune fille
She was a pretty and charming young girl
mais sa beauté semblait avoir été mal placée
but her beauty seemed to have been misplaced
C'était comme si le destin n'avait pas vu son destin
it was as if fate had failed to see her destiny
et elle naquit dans une maison sans distinction
and she was born into an undistinguished house
Elle est issue d'une famille de commis de la classe moyenne
she came from a middle class family of clerks
Elle n'avait pas de dot, ni d'espérances pour son avenir
She had no dowry, nor expectations for her future
Elle n'avait aucun moyen d'être connue d'un homme riche
she had no way of being known by a rich man
Aucun homme distingué n'allait la comprendre
no distinguished man was going to understand her
Elle ne pouvait pas prévoir qu'un homme admiré l'aimerait
she could not foresee an admired man loving her
Elle n'avait aucun espoir qu'un homme riche l'épouse
she had no hope of a wealthy man marrying her
Elle se laissa donc marier avec un petit clerc
so she let herself be married to a little clerk
il a travaillé au ministère de l'Instruction publique
he worked at the Ministry of Public Instruction
Elle s'habillait avec des vêtements très simples et ternes
She dressed in very plain and drab clothes
parce qu'elle n'avait pas les moyens de s'offrir de beaux vêtements
because she could not afford beautiful clothes
mais elle était plus malheureuse que ceux qui l'entouraient

but she was more unhappy than those around her
C'était comme si elle était vraiment tombée d'un rang supérieur
it was as if she really had fallen from a higher rank
parce qu'avec les femmes il n'y a ni caste ni rang
because with women there is neither caste nor rank
les femmes vivent de leur beauté, de leur grâce et de leur charme
woman live from their beauty, grace and charm
Ces choses prennent la place de la famille et de la naissance
these things take the place of family and birth
Une ingéniosité naturelle et un instinct pour l'élégance
Natural ingenuity and an instinct for what is elegant
La souplesse de leur esprit détermine leur hiérarchie
the suppleness of their minds determine their hierarchy
Les femmes du peuple peuvent égaler les plus grandes dames
women of the people can equal the very greatest ladies
Mathilde souffrait sans cesse de son affliction
Mathilde suffered ceaselessly from her affliction
Elle sentait qu'elle était née pour apprécier les plus belles délicatesses
she felt she was born to enjoy the finest delicacies
Elle sentait qu'elle était née pour profiter de tous les luxes de la vie
she felt she was born to enjoy all the luxuries of life
Elle était affligée de la pauvreté de sa demeure
She was distressed at the poverty of her dwelling
Elle n'arrivait pas à faire face à la nudité des murs
she couldn't cope at the bareness of the walls
Les chaises défraîchies affligeaient beaucoup son bonheur

the shabby chairs distressed her happiness greatly
La laideur des rideaux ne lui laissait aucune paix
the ugliness of the curtains gave her no peace
Une autre femme de son rang ne l'aurait jamais remarqué
other woman of her rank would never have noticed
mais toutes ces choses torturaient son bonheur quotidien
but all those things tortured her happiness daily
Et ces choses la mettaient en colère au plus haut point
and those things made her angry to no end
La vue de l'humble petit paysan breton
The sight of the humble little Breton peasant
ils acceptaient honorablement leurs tâches ménagères
they accepted their housework honourably
Et ils ont fait leur travail sans se plaindre
and they did their work without complaining
mais pour Mathilde elle n'éveillait que des regrets désespérés
but for Mathilde it only aroused despairing regrets
Et cela l'a amenée à faire des rêves déconcertants
and it caused her to have bewildering dreams
Elle songeait aux antichambres silencieuses des maisons de campagne
She thought of silent antechambers in country homes
Elle imagine de grandes pièces tendues de tapisseries
she imagined large rooms hung with tapestries
Tapisseries orientales illuminées par de hauts candélabres en bronze
Oriental tapestries illumined by tall bronze candelabras
Et elle pensa à deux grands valets de pied en culotte de cheval
and she thought of two great footmen in knee breeches
Les hommes dans ses pensées dormaient dans les grands fauteuils

the men in her thoughts slept in the big armchairs
La chaleur accablante du poêle les rendait somnolents
the oppressive heat of the stove made them drowsy
Elle a pensé à de longues salles de réception dans un palais
She thought of long reception halls in a palace
Son imagination accrochait des soieries anciennes le long du mur
her imagination hung ancient silks along the wall
Ses pensées disposaient de délicates armoires dans les chambres
her thoughts arranged dainty cabinets in the rooms
et chaque armoire contenait des curiosités inestimables
and each cabinet contained priceless curiosities
Et elle a pensé à de jolies petites salles de réception
and she thought of cute little reception rooms
Elle pouvait sentir le parfum des pièces dans son esprit
she could smell the perfume of the rooms in her mind
Des chambres faites pour discuter avec des amis intimes
rooms made for chatting with intimate friends
Des hommes célèbres et recherchés, que d'autres hommes envient
famous sought after men, whom other men envy
Des hommes fascinants, dont toutes les femmes désirent l'attention
fascinating men, whose attention all women desire
Elle s'assit pour dîner à la table ronde
she sat down for dinner at the round table
La nappe n'avait pas été changée depuis trois jours
the tablecloth had not been changed for three days
Son mari a découvert la soupière
her husband uncovered the soup tureen
« Ah, la soupe ! Je ne sais rien de mieux »

"Ah, soup! I don't know anything better"
Elle songea à de délicats repas d'argenterie brillante
she thought of dainty meals of shining silverware
Elle a pensé à des tapisseries décorées par les peuples anciens
she thought of tapestries decorated by ancient people
oiseaux volant au milieu d'une forêt de fées
birds flying in the midst of a fairy forest
Des plats délicieux servis dans de merveilleuses assiettes
delicious dishes served on marvellous plates
Des compliments que vous écoutez avec un sourire de sphinx
compliments you listen to with a sphinx-like smile
Elle songea à manger la chair rose d'une truite
she thought of eating the pink meat of a trout
et elle songea à manger les ailes d'une caille
and she thought of eating the wings of a quail
mais elle n'avait pas de robes, pas de bijoux, rien
but she had no gowns, no jewels, nothing
Et elle n'aimait rien tant que les belles choses
And she loved nothing more than beautiful things
Elle avait l'impression qu'on lui avait fait faire de telles choses
She felt she had been made to have such things
Elle ne voulait rien de plus que de plaire
She wanted nothing more than to be pleasing
Elle voulait être enviée par d'autres femmes de haute naissance
she wanted to be envied by other women of high birth
Elle voulait être considérée comme charmante par les hommes importants
she wanted to be considered charming by important men
Elle voulait être recherchée pour son entreprise

she wanted to be sought after for her company
Quand elle était jeune, elle est allée à l'école dans un couvent
when she was young she went to school at a convent
Du couvent, elle avait un riche camarade d'école
from the convent she had a rich school friend
mais elle n'aimait plus aller la voir
but she did not like to go to see her any more
parce qu'elle se sentait si triste quand elle est rentrée à la maison
because she felt so sad when she came home
Un soir, son mari rentra à la maison d'un air triomphant
one evening her husband came home with a triumphant air
Il tenait une grande enveloppe à la main
he was holding a large envelope in his hand
« Voilà, dit-il, il y a quelque chose pour vous. »
"There," said he, "there is something for you"
Elle déchira l'enveloppe avec excitation
She tore the envelope open with excitement
Et elle sortit une carte imprimée de l'enveloppe
and she pulled a printed card out of the envelope
c'était une invitation au palais du ministère
it was an invitation to the palace of the Ministry
Son mari avait espéré qu'elle serait ravie
her husband had hoped she would be delighted
Mais il n'aurait pas pu prévoir la déception
but he could not have predicted the disappointment
Agacée, elle jeta l'invitation sur la table
annoyed she threw the invitation on the table
« Que voulez-vous que j'en fasse ? »
"What do you wish me to do with that?"
— Eh bien, ma chère, je pensais que vous seriez contente.
"Why, my dear, I thought you would be glad"

« Tu ne sors jamais », a ajouté son mari
"You never go out," her husband added
« Et c'est une si belle opportunité pour vous »
"and this is such a fine opportunity for you"
« Je me suis donné beaucoup de mal pour obtenir l'invitation »
"I went to great trouble to get the invitation"
« Tout le monde veut y aller, c'est très sélect »
"Everyone wants to go, it is very select"
« Et ils ne donnent pas beaucoup d'invitations aux greffiers »
"and they are not giving many invitations to clerks"
« Tous les officiels du monde seront là »
"all the world's officials are going be there"
Elle le regarda d'un air irrité
She looked at him with an irritated glance
— Et que voulez-vous que je mette sur mon dos ?
"And what do you wish me to put on my back?"
Il n'avait pas pensé à ce qu'elle pourrait porter
He had not thought of what she could wear
« Pourquoi pas la robe dans laquelle tu vas au théâtre ? »
"Why not the gown you go to the theatre in?"
« Je pense que ça a l'air très... », mais il a dû s'arrêter
"I think it looks very...," but he had to stop
Il pouvait voir que sa femme pleurait des larmes douloureuses
he could see that his wife was weeping painful tears
Deux grosses larmes coulèrent lentement du coin de ses yeux
Two great tears ran slowly from the corners of her eyes
et les larmes coulaient aux coins de sa bouche
and the tears ran toward the corners of her mouth
« Qu'est-ce qu'il y a ? Qu'est-ce qu'il y a ? demanda-t-il

"What's the matter? What's the matter?" he asked her
Par un violent effort, elle triompha de son chagrin
By a violent effort she conquered her grief
Elle essuya ses joues mouillées et répondit d'une voix calme
she wiped her wet cheeks and replied in a calm voice
« Il n'y a rien, mais je n'ai pas de robe »
"Nothing is the matter, but I have no gown"
« et, par conséquent, je ne peux pas aller à ce bal »
"and, therefore, I cannot go to this ball"
« Donnez votre carte à l'un de vos collègues »
"Give your card to one of your colleagues"
« peut-être que leur femme est mieux équipée que moi »
"maybe their wife is better equipped than I am"
Il était désespéré, « voyons ce qu'on peut faire, Mathilde »
He was in despair, "let's see what we can do, Mathilde"
« Combien cela coûterait-il, une robe convenable ?
"How much would it cost, a suitable gown?
« Une robe simple que vous pourriez utiliser à d'autres occasions »
"a simple gown that you could use on other occasions"
Elle réfléchit quelques secondes, faisant ses calculs
She reflected several seconds, making her calculations
Bien sûr, elle ne voulait pas dire une somme trop faible
of course she didn't want to say a sum too low
Mais elle ne voulait pas que son souhait soit immédiatement refusé
but she didn't want her wish to be immediately refused
Après tout, son mari était un employé économique
after all, her husband was an economical clerk
Finalement, elle a répondu : « Je ne sais pas exactement »
Finally she replied: "I don't know exactly"

« Je crois que je pourrais m'en sortir avec quatre cents francs »
"I think I could manage it with four hundred francs"
Son mari pâlit un peu quand il entendit le numéro
her husband grew a little pale when he heard the number
Il mettait de côté juste ce montant pour acheter une arme à feu
he was laying aside just that amount to buy a gun
Il voulait s'offrir un petit jeu de chasse
he wanted to treat himself to a little game shooting
plusieurs de ses amis tiraient des alouettes le dimanche
several friends of his shot larks on Sundays
— Très bien. Je vous donnerai quatre cents francs.
"Very well. I will give you four hundred francs"
« Mais s'il vous plaît, essayez de trouver une jolie robe »
"but please try to find a pretty gown"
Le jour du bal approchait lentement
The day of the ball was slowly drawing nearer
Elle avait trouvé une belle robe pour l'événement
she had found a nice frock for the event
mais madame Loisel paraissait triste, inquiète et inquiète
but Madame Loisel seemed sad, uneasy, and anxious
Son mari remarqua que sa femme n'était toujours pas contente
Her husband noticed that his wife still wasn't happy
« Qu'y a-t-il ? » lui demanda-t-il un soir
"What is the matter?" he asked her one evening
« Tu n'as pas été toi-même ces trois derniers jours »
"you haven't been yourself these last three days"
L'invitation lui avait donné beaucoup de raisons de s'inquiéter
the invitation had given her a lot to worry about
« Ça m'énerve de ne pas avoir un seul bijou »

"It annoys me not to have a single piece of jewellery"
« Pas un seul ornement, rien à mettre »
"not a single ornament, nothing to put on"
« J'aurais l'air pauvre si j'allais comme ça »
"I would look poverty-stricken if I went like this"
« Je préférerais presque ne pas y aller du tout »
"I would almost rather not go at all"
« Tu pourrais porter des fleurs naturelles », a dit son mari
"You could wear natural flowers," said her husband
« Les fleurs sont très élégantes à cette période de l'année »
"flowers are very stylish at this time of year"
« Pour dix francs, vous pouvez obtenir trois roses magnifiques »
"For ten francs you can get three magnificent roses"
Mais elle n'était pas convaincue par les suggestions de son mari
but she was not convinced by her husbands suggestions
— Non ; Il n'y a rien de plus humiliant pour une femme »
"No; there's nothing more humiliating for a woman"
« Avoir l'air pauvre parmi d'autres femmes riches »
"to look poor among other women who are rich"
« Que tu es bête ! » s'écria son mari
"How stupid you are!" her husband cried
— Pourquoi ne voyez-vous pas votre amie, madame Forestier ?
"why don't you see your friend, Madame Forestier?"
« Tu pourrais lui demander de te prêter des bijoux »
"you could ask her to lend you some jewels"
« Tu la connais assez pour faire ça »
"You're acquainted enough with her to do that"
Elle poussa un cri de joie à cette suggestion
She uttered a cry of joy at the suggestion
« Vous avez raison ! Je n'y avais jamais pensé.

"You are right! I never thought of that"
Le lendemain, elle se rendit chez son amie
The next day she went to her friend
et elle lui raconta toute sa détresse
and she told her of all her distress
Madame Forestier se dirigea vers une armoire avec un miroir
Madame Forestier went to a wardrobe with a mirror
Elle sortit une grande boîte noire de l'armoire
she took a large black box out of the wardrobe
elle ouvrit la boîte et la montra à madame Loisel
she opened the box and showed it Madame Loisel
« Choisis ce que tu veux, ma chérie »
"Choose whatever you like, my dear"
Elle a d'abord vu des bracelets qu'elle aimait
First she saw some bracelets she liked
C'est alors qu'un collier de perles attira son attention
then a pearl necklace caught her attention
une croix vénitienne en or sertie de pierres précieuses
a Venetian gold cross set with precious stones
Elle essaya les ornements devant le miroir
She tried on the ornaments before the mirror
Elle voulait porter tous les bijoux
she wanted to wear all the jewellery
mais elle n'arrivait pas à décider laquelle elle devait choisir
but she could not decide which one she should choose
Elle n'arrêtait pas de demander : « En avez-vous d'autres ? »
She kept asking: "do you have any more?"
« Bien sûr que j'en ai plus, continuez à chercher »
"of course I have more, keep looking"
« Je ne sais pas ce que tu aimes »

"I don't know what you like"
Soudain, elle découvrit une boîte en satin noir
Suddenly she discovered a black satin box
Dans la boîte se trouvait un superbe collier de diamants
in the box was a superb diamond necklace
son cœur palpitait d'un désir immodéré
her heart throbbed with an immoderate desire
Ses mains tremblaient lorsqu'elle prit le collier
Her hands trembled as she took the necklace
Elle attacha le collier autour de sa gorge
She fastened the necklace around her throat
Elle était perdue dans l'extase à son reflet dans le miroir
she was lost in ecstasy at her reflection in the mirror
Puis elle demanda, hésitante, remplie d'un doute anxieux
Then she asked, hesitating, filled with anxious doubt
« Voulez-vous me prêter celui-ci, rien que celui-là ? »
"Will you lend me this one, only this?"
— Eh bien, oui, certainement, je vous le prêterai.
"Why, yes, certainly, I will lend it to you"
Elle jeta ses bras autour du cou de son amie
She threw her arms round her friend's neck
et elle embrassa passionnément son amie
and she kissed her friend passionately
Et puis elle s'est enfuie chez elle avec son trésor
and then she fled home with her treasure
La nuit du bal était enfin arrivée
The night of the ball had finally arrived
Madame Loisel eut un grand succès auprès des fonctionnaires
Madame Loisel was a great success among the officials
Elle était plus jolie que n'importe quelle autre femme présente
She was prettier than any other woman present

élégante, gracieuse, souriante et sauvage de joie
elegant, graceful, smiling and wild with joy
Tous les hommes la regardèrent et lui demandèrent son nom
All the men looked at her and asked her name
Ils voulaient tous qu'on la présente
they all wanted to be introduced to her
Tous les attachés du Cabinet voulurent valser avec elle
All the attaches of the Cabinet wished to waltz with her
Elle a été remarquée par le ministre lui-même
She was remarked by the minister himself
Elle dansait avec ravissement et avec passion
She danced with rapture and with passion
elle était enivrée par le plaisir de l'attention
she was intoxicated by pleasure of the attention
elle oublie tout dans le triomphe de sa beauté
she forget everything in the triumph of her beauty
Elle valsait dans la gloire de son succès
she waltzed in the glory of her success
Elle était dans une sorte de nuage de bonheur
she was in a sort of cloud of happiness
un sentiment de triomphe qui est si doux au cœur de la femme
a sense of triumph which is so sweet to woman's heart
Elle quitta le bal vers quatre heures du matin
She left the ball around four o'clock in the morning
Son mari dormait depuis minuit
Her husband had been sleeping since midnight
dans une petite chambre déserte avec trois autres messieurs
in a little deserted room with three other gentlemen
Leurs épouses profitaient également de la fête
their wives were also enjoying the party

Il jeta sur ses épaules le manteau qu'il avait apporté
He threw over her shoulders the coat he had brought
c'était le modeste manteau de la vie commune
it was the modest coat of common life
Le manteau contrastait fortement avec la robe de bal
the coat contrasted starkly with the ball dress
Et cela a rendu la pauvreté encore plus frappante
and it made the poverty look even starker
Elle sentit le contraste et voulut s'échapper
She felt the contrast and wished to escape
Elle ne voulait pas que les autres femmes s'en aperçoivent
she did not want the other women to notice
ils s'enveloppaient de fourrures coûteuses
they were enveloping themselves in costly furs
Loisel la retint ; « Attends un peu »
Loisel held her back; "Wait a bit"
« Tu vas attraper froid si tu sors »
"You will catch cold if you go outside"
« Laissez-moi sortir et essayer de trouver un taxi »
"let me go out and try to find a cab"
Mais elle n'écouta pas ses conseils
But she did not listen to his advise
Elle descendit rapidement les escaliers
she rapidly descended down the stairs
mais dans la rue, ils ne trouvèrent pas de voiture
but on the street they could not find a carriage
cria Loisel après les cochers qui passaient à distance
Loisel shouted after the cabmen passing at a distance
Ils se dirigèrent vers la Seine en désespoir de cause
They went toward le Seine in despair
À ce moment-là, ils grelottaient de froid
by now they were shivering with cold
Enfin, ils trouvèrent une voiture sur le quai

At last they found a carriage on the quay
C'était l'un de ces anciens fiacres de nuit
it was one of those ancient night cabs
Les fiacres ont trop honte pour montrer leur minable dans la journée
cabs too ashamed to show their shabbiness in the day
on ne les voit à Paris qu'après la tombée de la nuit
they are never seen in Paris until after dark
ils furent conduits rue des Martyrs
they were taken to the Rue des Martyrs
Malheureusement, ils montèrent les escaliers qui menaient à leur appartement
sadly they mounted the stairs to their flat
Le moment des faux-semblants était terminé pour elle
the moment of pretence had ended for her
Quant à lui, il s'occupait maintenant d'autres choses
As for him, he was concerned with other things now
Il devait être au travail à dix heures ce matin-là
he had to be at work at ten o'clock that morning
Elle enleva son manteau devant le miroir
She removed her coat in front of the mirror
pour se revoir dans toute sa gloire
so as to see herself once more in all her glory
Mais tout à coup elle poussa un cri terrible
But suddenly she uttered a terrible cry
Elle n'avait plus le collier autour du cou !
She no longer had the necklace around her neck!
« Qu'as-tu donc ? » demanda son mari
"What is the matter with you?" demanded her husband
Il s'était déjà à moitié déshabillé
he had already half undressed himself
Elle se tourna distraitement vers lui
She turned distractedly toward him

« **Je... Je... J'ai perdu le collier de Madame Forestier.**
"I... I... I've lost Madame Forestier's necklace"
Il se leva, perplexe. — Quoi ! Comment? C'est impossible !
He stood up, bewildered. "What! How? Impossible!"
Ils regardèrent entre les plis de sa jupe
They looked among the folds of her skirt
Ils vérifiaient partout dans son manteau
they checked everywhere in her cloak
Ils ont regardé à l'intérieur de toutes ses poches
they looked inside all of her pockets
Ils ont cherché partout, mais ne l'ont pas trouvé
they looked everywhere, but did not find it
« **Tu es sûr que tu l'avais quand tu as quitté le ballon ?** »
"You're sure you had it on when you left the ball?"
« **Oui, je l'ai senti dans le vestibule de la maison du ministre** »
"Yes, I felt it in the vestibule of the minister's house"
« **Mais s'il avait été dans la rue, nous l'aurions entendu tomber** »
"But if it was in the street we would have heard it fall"
« **Ça doit être dans la cabine** », **a-t-il conclu**
"It must be in the cab," he concluded
— Oui, probablement. Avez-vous pris son numéro ?
"Yes, probably. Did you take his number?"
— Non, et vous ? Tu ne l'as pas remarqué ?
"No. Did you? Didn't you notice it?"
Mathilde n'avait pas remarqué le nombre non plus
Mathilde had not noticed the number either
Ils se regardèrent l'un l'autre, stupéfaits
They looked thunderstruck at each other
Enfin, Loisel se rhabilla
At last Loisel put on his clothes

— Je rentrerai à pied, lui dit-il
"I shall go back on foot," he told her
« Je vais passer en revue tout le parcours »
"I shall go over the whole route"
« peut-être que je peux encore le trouver quelque part »
"perhaps I can still find it somewhere"
Il sortit pour essayer de trouver le collier
He went out to try and find the necklace
Elle attendait assise sur une chaise dans sa robe de bal
She sat waiting on a chair in her ball dress
Elle n'avait pas la force d'aller se coucher
she didn't have the strength to go to bed
submergé, sans feu, sans pensée
overwhelmed, without any fire, without a thought
Son mari revint vers sept heures
Her husband returned about seven o'clock
mais il revint sans avoir trouvé le collier
but he returned without having found the necklace
Il s'est rendu à la préfecture de police de Paris
He went to police headquarters of Paris
et il s'est rendu dans les bureaux des journaux locaux
and he went to the local newspaper offices
Il offrait une récompense à quiconque l'aurait trouvée
he offered a reward to anyone who might have found it
il est allé dans toutes les compagnies de taxis de Paris
he went to the all cab companies of Paris
Il est allé partout où il y avait une lueur d'espoir
he went wherever there was a glimmer of hope
Elle attendit toute la journée le retour de son mari
She waited all day for her husband to return
Elle avait eu une peur folle depuis la calamité
she had been in mad fear since the calamity
Loisel revint le soir avec un visage pâle et creux

Loisel returned at night with a hollow, pale face
Il avait cherché partout, mais n'avait rien découvert
he had looked everywhere, but discovered nothing
— Il faut que vous écriviez à votre ami, dit-il
"You must write to your friend," said he
« Dis-lui que tu as cassé le fermoir de son collier »
"tell her you have broken the clasp of her necklace"
« Et dites-lui que vous êtes en train de le faire réparer »
"and tell her that you are having it mended"
« Cela nous donnera le temps de réfléchir à quelque chose »
"That will give us some time to think of something"
Au bout d'une semaine, ils avaient perdu tout espoir
At the end of a week they had lost all hope
Loisel n'avait pas moins de cinq ans cette semaine-là
Loisel aged no less than five years that week
« Nous devons réfléchir à la manière de remplacer cet ornement »
"We must consider how to replace that ornament"
Le lendemain, ils prirent la boîte du collier
The next day they took the box of the necklace
Dans la boîte, ils avaient trouvé le nom d'un bijoutier
in the box they had found the name of a jeweller
Ils se rendirent chez le bijoutier dont ils trouvèrent le nom
they went to the jeweller whose name they found
Il consulta ses livres et son comptable
He consulted his books and his accountant
— Ce n'est pas moi, madame, qui ai vendu ce collier.
"It was not I, Madame, who sold that necklace"
« J'ai dû simplement fournir l'étui »
"I must simply have furnished the case"
Puis ils sont passés de bijoutier en bijoutier

Then they went from jeweller to jeweller
ils cherchaient un collier comme l'autre
they searched for a necklace like the other
Mais ils ont dû se fier à leurs souvenirs
but they had to rely on their memories
Tous deux étaient maintenant malades de chagrin et de chagrin
both were now sick with chagrin and grief
Ils ont trouvé une bijouterie au Palais Royal
They found a jewellery shop at the Palais Royal
Ils ont vu un collier de diamants comme celui qui était perdu
they saw a string of diamonds just like the lost one
Il en fut le prix de quarante mille francs
the price of it was forty thousand francs
ils pouvaient l'avoir pour trente-six mille francs
they could have it for thirty-six thousand francs
Ils prièrent le bijoutier de ne pas le vendre pendant trois jours
they begged the jeweller not to sell it for three days
Et ils ont passé un marché avec le bijoutier
And they made a deal with the jeweller
S'ils trouvaient le collier, il le rachetait
if they found the necklace he would buy it back
mais il n'aurait qu'à payer trente-quatre mille
but he would only have to pay thirty four thousand
ils n'avaient pas encore abandonné tout espoir de le retrouver
they had still not given up all hope of finding it
Loisel avait dix-huit mille francs à son nom
Loisel had eighteen thousand francs to his name
C'était de l'argent que son père lui avait laissé
this was money that his father had left him

Il a dû emprunter le reste de l'argent
He had to borrow the rest of the money
et il empruntait à qui il pouvait
and he did borrow from whomever he could
Il demanda mille francs à un prêteur
he asked for a thousand francs from one lender
Il demanda cinq cents francs à un autre prêteur
he asked for five hundred francs of another lender
Il a emprunté cinq louis par-ci, trois louis par-là
he borrowed five louis here, three louis there
Il signa des contrats et contracta des obligations ruineuses
he signed contracts and took up ruinous obligations
Il traitait avec des usuriers et toutes sortes de prêteurs
he dealt with usurers and all kinds of lenders
Il a compromis tout le reste de sa vie
he compromised all the rest of his life
Il a contracté des dettes qu'il ne savait pas s'il pourrait honorer
he took on debts he didn't know if he could meet
et il était effrayé par les ennuis à venir
and he was frightened by the trouble yet to come
Il craignait la misère qui allait l'accabler
he feared the misery that was about befall him
Il frissonna à l'idée de la perte qu'il allait subir
he shuddered at the loss he was about to suffer
Et il est donc allé chercher le nouveau collier
and so he went to get the new necklace
Il déposa sur le comptoir trente-six mille francs
he laid upon the counter thirty-six thousand francs
Et il regarda l'argent disparaître dans un coffre-fort
and he watched the money disappear into a safe
Madame Loisel apporta le collier à Madame Forestie
Madame Loisel took the necklace to Madame Forestie

Elle lui parla d'une manière très froide
she spoke to her in a very chilly manner
« J'aurais aimé que vous me le rendiez plus tôt »
"I would have liked if you had returned it sooner"
« pour autant que vous sachiez, j'aurais pu en avoir besoin »
"for all you know I could have needed it"
Loisel craignait d'ouvrir la boîte
Loisel feared she would open the box
Qu'aurait-elle pensé si elle l'avait remarqué ?
what would she have thought if she noticed?
Qu'aurait-elle dit si elle l'avait vu ?
what would she have said if she saw it?
N'aurait-elle pas pris madame Loisel pour une voleuse ?
Would she not have taken Madame Loisel for a thief?
mais elle croyait que le collier était à l'intérieur
but she trusted that the necklace was inside
Par la suite, madame Loisel connut une autre vie
Thereafter Madame Loisel knew a different life
Elle a appris l'horrible existence des nécessiteux
she learned the horrible existence of the needy
Elle s'acquitta cependant de son rôle avec un héroïsme soudain
She bore her part, however, with sudden heroism
Elle savait qu'il fallait payer l'affreuse dette
she knew that the dreadful debt must be paid
et dans son cœur elle accepta de le payer
and in her heart she agreed to pay it
Ils congédièrent leur serviteur qu'ils avaient eu
They dismissed their servant that they had had
Ils ont déclassé leur logement pour un logement moins cher
they downgraded their lodgings to a cheaper one

Maintenant, ils louaient une mansarde sous le toit
now they rented a garret under the roof
Elle a appris ce que signifiaient les tâches ménagères lourdes
She came to know what heavy housework meant
et elle apprit l'odieux travail de la cuisine
and she learned the odious work of the kitchen
De ses doigts délicats, elle lavait les pots graisseux
with her dainty fingers she washed the greasy pots
Elle a lavé le linge souillé et les chemises
She washed the soiled linen and the shirts
Elle étendit les vêtements sur la corde pour les faire sécher
she hung the clothes upon the line to dry
Tous les matins, elle portait les seaux dans la rue
every morning she carried the pails down to the street
et elle fit remonter l'eau de la fontaine
and she carried up the water from the fountain
mais elle devait s'arrêter pour reprendre son souffle à chaque atterrissage
but she had to stop for breath at every landing
Maintenant, elle s'habillait comme une femme du peuple
now she dressed like a woman of the people
Elle est allée chez le fruitier, l'épicier, le boucher
she went to the fruiterer, the grocer, the butcher
Elle portait un panier dans son bras et marchandait
she carried a basket in her arm and haggled
Elle défendait son misérable argent, sou par sou
she defended her miserable money, sou by sou
Chaque mois, ils devaient faire face à des remboursements
Every month they had to meet some repayments
Ils ont dû renouveler une partie de leurs dettes

they had to renew some of their debts
et ils ont dû obtenir plus de temps sur d'autres dettes
and they had to obtain more time on other debts
Son mari a fait du travail supplémentaire le soir
Her husband took on extra work in the evenings
Il a également fait les comptes de certains commerçants
he also did the accounts of some tradesmen
et tard dans la nuit, il copiait souvent le manuscrit
and late at night he often copied manuscript
Pour chaque page qu'il copiait, il gagnait cinq sous
for every page he copied he earned five sous
Cette vie dura dix ans
This life lasted all of ten years
Et ils avaient été dix années très dures
and they had been ten very hard years
mais ils avaient payé tout ce qu'ils devaient
but at they had paid everything they owed
Ils couvraient les taux des intérêts composés
they covered the rates of the compounding interest
Madame Loisel paraissait plus âgée que son âge maintenant
Madame Loisel looked older than her years now
Elle était devenue la femme d'une famille pauvre
She had become the woman of an impoverished household
fort et dur et rugueux Avec des cheveux ébouriffés
strong and hard and rough With frowsy hair
Sa jupe était de travers et ses mains étaient maintenant rouges
her skirt was askew and her hands were now red
Elle parlait fort tout en lavant le sol
she talked loud while washing the floor
Mais il y avait des moments où son mari était au travail
But there were times when her husband was at work

Quelquefois elle s'asseyait, près de la fenêtre
some of these times she sat down, near the window
Et elle pensa à cette heureuse soirée d'il y a longtemps
and she thought of that happy evening of long ago
Elle songea à ce bal où elle avait été si belle
she thought of that ball where she had been so beautiful
Elle se souvenait du sentiment d'être si admirée
she remembered the feeling of being so admired
Que se serait-il passé si elle n'avait pas perdu ce collier ?
What would have happened if she had not lost that necklace?
Qui sait? Que la vie est étrange et changeante !
Who knows? How strange and changeful life is!
Qu'il peut y avoir peu de chose à nous faire ou à nous ruiner !
How small a thing can be to make or ruin us!
un dimanche, elle alla se promener sur les Champs-Élysées
one Sunday she went to take a walk in the Champs Elysees
Elle venait quelquefois par là pour se rafraîchir
she sometimes came this way to refresh herself
Cela avait été une semaine de travail laborieuse
it had been a laborious week of work
Elle aperçut soudain une femme au loin
she suddenly perceived a woman in the distance
Elle se promenait avec un enfant
she was going for a walk with a child
C'était Madame Forestier ! Son amie d'il y a longtemps
It was Madame Forestier! Her friend from long ago
Elle était encore jeune, belle et toujours charmante
she was still young, beautiful, and still charming
Madame Loisel se sentit émue par le poids de l'instant
Madame Loisel felt moved by the weight of the moment

Devrait-elle lui parler ? Oui, certainement
Should she speak to her? Yes, certainly
Elle avait vécu dur et payé ses dettes
she had lived hard and paid off her debts
Elle lui racontait tout. Pourquoi pas?
she would tell her all about it. Why not?
Elle s'approcha d'elle : « Bonjour, Jeanne »
She went up to her, "Good-day, Jeanne"
Madame Forestier fut tout étonnée de ce salut
Madame Forestier was quite astonished by the greeting
Le fait qu'on s'adresse à elle si familièrement l'a prise par surprise
being addressed so familiarly caught her by surprise
et elle ne connaissait pas de ménagères ordinaires
and she did not know any plain housewives
— Mais, madame ! Je ne peux pas dire que je te connais »
"But Madame! I cannot say I know you"
« Vous devez me faire confondre avec quelqu'un d'autre »
"You must have me mistaken with someone else"
« Non. Je suis Mathilde Loisel, répondit-elle
"No. I am Mathilde Loisel," she replied
Son amie poussa un cri de joie quand elle la reconnut
Her friend uttered a happy cry when she recognized her
— Oh ! ma pauvre Mathilde ! Comme tu es changée !
"Oh, my poor Mathilde! How you are changed!"
« Oui, je n'ai pas eu une vie facile »
"Yes, I have not had an easy life"
« La vie a été dure depuis la dernière fois que je t'ai vu »
"life has been hard since I last saw you"
« Ces dix dernières années, j'ai dû endurer la pauvreté »
"for the last ten years I have had to endure poverty"
« Et tout cela, c'est grâce à vous ! »
"and all of this has been because of you!"

« **Vous avez dû souffrir à cause de moi ? Comment cela se fait-il ?**
"you have had to suffer because me? How so?"

« **Te souviens-tu de ce collier de diamants que tu m'as prêté ?** »
"Do you remember that diamond necklace you lent me?"

« **le collier que je portais au bal ministériel** »
"the necklace that I wore at the ministerial ball"

— **Oui, qu'en est-il ? demanda madame Forestier, perplexe**
"Yes, what about it?" asked Madame Forestier, puzzled

« **Eh bien, je l'ai perdu », a dit Loisel à son vieil ami**
"Well, I lost it," Loisel told her old friend

« **Que voulez-vous dire ? Tu l'as ramené** »
"What do you mean? You brought it back"

« **Je t'en ai ramené un autre exactement comme ça** »
"I brought you back another one exactly like it"

« **Et il nous a fallu dix ans pour le payer** »
"And it has taken us ten years to pay for it"

« **Vous comprenez que cela n'a pas été facile pour nous** »
"You can understand that it was not easy for us"

« **mais enfin c'est fini, et j'en suis très heureux** »
"but at last it is ended, and I am very glad"

Madame Forestier s'était arrêtée de marcher
Madame Forestier had stopped walking

— **Vous dites que vous avez acheté un collier de diamants pour remplacer le mien ?**
"You say that you bought a necklace of diamonds to replace mine?"

« **Oui. Vous ne l'avez donc jamais remarqué !**
"Yes. You never noticed it, then!"

« **Ils étaient très semblables », a confirmé Loisel**
"They were very similar," Loisel confirmed

Elle souriait avec une joie à la fois fière et naïve
she smiled with a joy both proud and ingenuous
Madame Forestier, profondément émue, lui prit les mains
Madame Forestier, deeply moved, took her hands
— Oh ! ma pauvre Mathilde ! la consola
"Oh, my poor Mathilde!" she comforted her
« Mais mon collier était une réplique ! »
"but my necklace was a replica!"
— Il ne valait que cinq cents francs tout au plus !
"It was only worth five hundred francs at most!"

www.ingramcontent.com/pod-product-compliance
Lightning Source LLC
Chambersburg PA
CBHW010020130526
44590CB00048B/4002